아침달 시집

뜻밖의 미래 연구회

김세희

시인의 말

가득 찬 공동묘지는 문을 닫나요

이제 땅을 뚫고 올라오는

고사리나 죽순을 많이 먹습니다

2025년 12월

김세희

차례

1부
기울어지는 쪽에 전부를 걸고 있어요

2부
죽기 살기로 떠다니는 발들에게

발문

1부
기울어지는 쪽에
전부를 걸고 있어요

사생대회

호수에 떠 있는 백조가 진짜인지 가짜인지 목을 빼고 보
았다
움직이는 것을 생생하게 그리기는 어려웠다
그렇다고 벤치에 자고 있는 구부러진 남자를
그린 사람도 없었다
그의 겉옷은 검은색이 낡은 초록으로 보였다

우린 없는 것을 그려 넣기도 했다
가짜 백조에 걸터앉은 잔다르크와
나무 뒤에서 뽀뽀하는 남자와 여자
있다고 믿고 싶은 마음
다 없애버리고 싶은 마음
살고 싶기도 하면서 죽고 싶기도 한 마음을 갖는 재주

성지곡 수원지는 계속 움직이고 있었다
물속이 끈적한 초록으로 썩어가고 있다는 걸 감추려고

선생님들은 깊숙한 그늘에 숨어들어

각 반에 배당시킨 통닭과 찬합 속 과일들을

나눠 먹고 있었다

거기 그늘에 음영을 더욱 강하게 주고

사진사 아저씨가 들고 다니는 깃발에 쓰여 있는 것처럼

오 분 완성으로 그려진 그림

금방 나왔다가 금방 사라지는

청설모의 이목구비는 뭉개져 있었다

백조 머리에 돌멩이를 던지면 띵- 튕겨 나오고

푸르죽죽한 시체가 떠오른 건

우리 눈에만 보였다

팔레트에 초록이 검정을 엎어버렸다

초록에 초록을 덧입히고

거기에 또 초록을 입히면 아래서부터 죽어가는 초록이 생

겼다

학교에서 출발한 인원수와 학교로 돌아가는 인원수가
다행히 잘 맞았다
선생님들은 우리들이 재주를 넘으면
하나가 둘이 되기도 할 줄 안다는 걸 전혀 몰랐다

호렵도

사냥하는 법을 배우러 다녔다
작은 구릉이 이어지고 덤불과 잎이 넓은 나무들이 많은
들판
센세이는 여우처럼 잘 숨고
호랑이처럼 배짱이 두둑했다

숨기에 좋은 곳은 사냥하기에도 좋은 곳
우린 센세이를 흠모하며 사냥도 잘 배우고 싶었다

때때로 센세이와 누군가가 나무 뒤에서 뽀뽀하며 부스럭
거렸지만
토끼라도 잡은 살쾡이려니 생각했다

센세이는 가난하고, 가난하다고 하고, 우린 센세이가 애처
롭고
사냥을 배우는 수업인데
센세이는 나를 사랑하고 죄다 자기를 사랑하는 줄로만 알고
앞자리 미숙 씨도 속고 평생교육원 태희 씨도 속고

사냥만큼은 너무 멋진 센세이를 어쩌지 못하고

잡는 걸 배우려고 했는데 잡히지 않으려고 구릉을 달리고 숨고
잡힐까, 안 잡혀도 될까
잘 숨은 학생은 잘 숨었다 칭찬받고 숨은 채
센세이는 잡은 동물의 껍데기 벗기기를 보여주었다
센세이 집 냉장고 커다란 김치통마다 펄떡이는 심장이
엎어졌다 뒤집어졌다 울고 있더라고 누군가가 말했다

이상한 사냥
위험이 도사린 사냥터
딸의 등록금이 모자라고 전세금이 모자라는 센세이
공복을 견디지 못하는 센세이
점점 숨을 곳이 모자라 출구로 모여들었다

매사냥은 매를 사냥하는가

매가 사냥하는가

사냥이 싫어졌다

눈이 보이지 않는 사람과 보기 위한 워크숍

피터르 브뤼헐의 그림 앞
눈이 보이지 않는 김승민 씨는 내 팔뚝을 살짝 잡고 서 있다
그림에서 눈을 떼지 않고 보이는 대로 말하는 내 말을 들
었다

마을에 결혼식이 있는 날과
눈이 쌓인 숲속에서 사냥하고 돌아오는 사냥꾼들이 있는
그림을
지나 '맹인이 맹인을 인도하다' 앞에 서자
김승민 씨는 내가 머뭇거린다는 걸 알아차렸다

그림에 맹인이라도 나오냐며 팔뚝을 흔들었다
옷을 다 벗고 체모를 보인 채 누운 마야의 그림을 보면서
털이 많은지 적은지도 물어보았던 사람이다

눈이 보이지 않는 사람들인가봅니다 여섯.
맨 앞에 가던 사람이 웅덩이로 보이는 곳에 고꾸라졌네요
메고 있던 기타가 옆에 나뒹굽니다

왠지 더 조용하게 말했다

그림 속에 날씨가 좋지 않을 것 같습니다
길은 어떤가요
둑길이라고 해야 할 것 같고요 멀리 큰 교회가 보입니다

아마도 교회 앞쪽으로 편안한 길이 있지만
둑으로 돌아가는 걸 거라고 그 시대에는 우리 같은 사람
을 많이 싫어했다고 했다
그림대로 교회는 멀리 있고 둑과 웅덩이는 가까운 거라고
했다

난 회사는 가깝고 엄마 집은 멀었으면 좋겠다고
김승민 씨는 지하철역도 가깝고 편의점도 가깝고 해서 함
께 웃다가
엄마 집은 왜 멀어야 하냐고 했다
조금 머뭇거리다 둑길로 돌아서 다니고 있다고 말했다

엄마랑 잘 지내기 위한 워크숍이 필요할까요 웃으면서 말
했더니

저들은 오늘 저녁 기타를 치지 못하겠다고 하면서

뒤따라오던 다섯은 고꾸라진 맨 앞 사람을 원망하지 않을
거라고 했다

와플 또 와플

불타버린 산에는 고사리가 많이 난다고 했다

밥상 위에 올라서까지 주먹을 펴지 않아 주먹 안 고사리의 계획이 무엇일지 친구는 물었다 아홉 번을 꺾어 먹도록 그렇게 단단하게 주먹 쥘 일이

그게 무서워 먹질 못하겠다고 했다

제주 시장엔 고사리가 많이 보였다

"올 고사리, 올 고사리 올 고사리는 약이라니까" 아주머니들의 표준말이 우리 말보다 단정하게 들리고 톡톡 끊긴 팔모가지들이 팔모가지끼리 모여 있었다

출출했던 친구와 나는 뭐라도 먹고 싶었다

노점에서 와플 굽는 냄새에 홀려 와플을 먹기로 했다 뜨겁고 어두운 반을 열어 둥근 반쪽에 생크림을 나머지 반쪽엔 사과잼을 발라주었다

어울릴 수 없을 것만 같은데 반과 반을 탁, 접어 세로로 잘라 종이컵에 담아주었다

올록볼록 무늬 없는 와플 봤냐고 내가 물었다

이건 흉터 아니냐고 친구가 대답했다

친구 할아버지는 한라산 중턱 굴속에서 구부린 등과 등을
맞대고 숨어 있었다고 했다
구부린 사람들이 굽은 대로 뼈만 남았다고 슬픈 건 왜 슬
픈 것끼리 함께 있냐고

고사리 있는 곳엔 또 고사리
할머니, 엄마 죄다 봄마다 고사리 병이 든다고

어떤 일이 일어났어도 상관없다는 듯이 관광객들이 고사
리를 뒤적거렸다
봄에도 가끔은 추운 비밀이 죽었다 살아났다 했다

빈 종이컵을 들고 시장을 빠져나오며 친구 뒷모습을 바라
보았다
곱슬거리는 머리카락 끝이 말려 있었다

아침밥 먹는 모임

회원은 두 명
더는 회원을 받지 않는다
나서는 걸 말리지 않는다
권하는 걸 사양하지 않는다
집에서 먹고 와 또 먹는 것도 상관없다

만나기 전까지 할 말을 모은다 할 말 없으면 그냥 먹는다
　다행히 일찍부터 문을 열고 우리를 반기는 곳이 있다 마
운트 카페라든가 일루어 브런치

　한 사람이 나서서 주문한다
　한 사람은 그것을 누린다 넌 스미스 허브차랑 잠봉뵈르를
먹어
　난 자몽과 오렌지가 섞인 착즙 주스에 치아바타 샌드위치
　샐러드에 삶은 달걀 추가 올리브유 따로 더 주세요

　착즙 주스는 내 혈당을 빠르게 올릴 것이란 걸 언니는 잘
알고 있다

하루에 한 명도 내 작품 앞에 서주지 않는 전시회장에서 내 작품을 가까이서 보고 멀리서도 보고 다시 돌아와 또 보는 사람과 있는 것만 같다

각자 접시에 잠봉뵈르 반 치아바타 샌드위치 반으로 새롭게 구성해 내 앞에 둔다

기회를 나누고 그것이 공평하게 사라져가는 것을 함께 볼 것이다

이게 다 뭐야

난 먹는 입만 있어 언니, 하는 얼굴이 된다

너리카락이 많이 자랐구나!

못 보던 셔츠를 입었네

『스토너』를 읽었거든 스토너는 훌륭한 농사꾼이 되기 위해 공부하려 했다가 문학에 빠졌다더라 박사가 되어서 이런저런 멋진 제의를 받았지만 그만큼 내놓아야 하는 게 있다는 걸 알았다더라 스토너는 대단하지 않은 자신을 선택해

그리고 자신에게 묻는다 무엇을 기대했냐고
그래 차도 한 모금 마시면서 먹어,
'너는 무엇을 기대했나?'ↄ 나한테도 묻더라
접시 비우는 건 자신 있는데?

우리 접시는 텅 비어 있고 토마토에서 흘러나온 씨앗들만
올올이 놓여 있었다 저 씨앗들이 끝인지 시작인지는 모른다
어려운 일이었다

다음엔 내가 나설게 그냥 있으니까 따뜻하더라
그래 난 그냥 있을게

ↄ 소설 속 스토너는 마지막 순간 두 번, 세 번, '너는 무엇을 기대했나' 자신에게 물었다.

요가라이프

몸과 마음의 균형이란 게요
잡아야 하는 거예요?
아침 일찍 요가원에 등록했거든요

가부좌를 틀고 명상부터 하라고 하네요
엄마 요양 병원은 아무래도 내일 가야겠고
앞에 앉은 사람 요가복 상표를 잘 봐두고 있어요

마음을 관찰하라는데
뱉는 숨에 있을까
들이마실 때 다시 들어가버렸을까 싶은데요

마음을 꺼내놓고 몸에 담으라니
아무래도 속는 기분입니다

손과 발 모두 바닥을 짚어도
왜 이렇게 흔들리나요
항문에 힘을 주라니까

항문으로 목을 조르는 마음이라면 어떨까

마지막은 시체 자세, 이건 자신 있는데요
파란 매트 위에 행복하게
아무래도 엄마 요양 병원을 옮겨야 할까봐요
죽을 때라도 행복하게

옷을 갈아입으며 건널목을 바라봤어요
가방 멘 아이들이 서 있다가 건너가네요
축구공이 굴러가고
죽을 것 같은 마음이란 거 저쪽에는 없다는 얼굴들
모두 건너갔어요
다시 사람들이 모이고

빨갛다가 파래지는
이쪽 마음이 더는 빨개지지도 파래지지도 않는 저쪽
마음을 보고 있어요

기울어지는 쪽에

전부를 걸고 있어요

공은 어디로 갔을까

—웨더링

호박을 싫어해요

아무도 몰라요

싫어하는 걸 말하기가 더 싫어서 그냥 먹어요

테니스 동호회 사람들이 모여 앉아

커피와 단호박 라테, 레모네이드를 마시며

양말에 붙은 인조 잔디 부스러기를 뜯고 있어요

싫어하는 게 같은 사람들은 어디서 모이나요

싫어하는 건 귓속말로 속삭이고 싶어요

카페 앞엔 테니스장이 있고

의자 다리마다 배 갈라진 테니스공들이 끼워져 있어서 이

카페에 온대요

공들은 성질 죽여 배를 내놓고 테니스장을 쳐다만 봐요

주스 병을 물병으로 쓴다거나

색 바랜 순면 60수 티를 베갯잇으로 쓰고

양으로 태어났지만 양고기가 되어버리는 일
돼지고기, 닭고기, 소고기가 나의 변신 가능한 영역

좋아하는 것도 싫어하는 것도 잃어버려서
공인지 아닌지 이런 공이 공인가요

윔블던 여자 단식 준결승전에서 슈테피 그라프에게 관중
석의 남자가
"슈테피, 나와 결혼해줘요" 외쳤죠
그라프가 "당신, 돈은 얼마나 있어요?"
그라프는 돈을 좋아할까요

혹시 그라프와 그 남자가 결혼해서 그들 집의 모든 의자에
테니스공을 끼워뒀을까요
좋아하는 것을 같이 좋아하고
싫어하는 것을 같이 싫어하면
마모되지 않을까요

장마가 지겹네요

장마철 동호회 사람들은 테니스장 멀리

맥줏집에서 만난답니다

↳ 예소연, 『소란한 속삭임』(위즈덤하우스, 2025)

낮은 처우, 과도한 업무량

여기가 복지 사각지대
잇몸 내려앉은 치아들이 흔들려요

계단은 물컹하고
지붕이, 지붕에 구멍이 났나
노트북 자판 엔터키가 아무 때나 한 번씩 저절로 눌러져
엉뚱한 행갈이를 해
요

친구가 뒤늦게 사회복지사가 되었다길래
나의 행복한 삶은 어디에 있나 찾아봅니다

휴대 진화에는 돌보는 징애우들 사진이 가득
귀엽다고 자꾸 보라고 해요

키가 작고 왜소한 친구
사회복지사라면서 친구와 친구의 복지는
구석으로 말아 듭니다. 네- 공벌레

같이 만난 민정의 아들도 장애가 있는데요
아기였던 녀석이 이제 자위를 하고 싶다고 한답니다
민소매 옷 입은 여자 영상을 찾아달라 하고 나면

큰 소리로 "성공했어요" 기뻐한다네요
민정은 축하한다며 뒤처리를 한대요
배출은 가능하고 처리는 불가능한 지대

복지는 양지바른 곳에 털 빠진 고양이처럼 보이고
내게는 양지가 없는 건지 고양이가 없는 건지
상담 좀 받고 싶은데

우리들 복지는 알아주지 않는 사회복지사 친구와 아들의
자위 행복을 보장한다는
친구를 만나는 바
람에 자꾸 이
상한 행갈이를 당하고

다음 행은 없으려다가

아, 스스로 위로하는 능력이 필요하군요

황룡사지

없는 것을 보려는 사람들이
벚꽃잎처럼 몰려다니고 있어
한 무리 여자들이 사진을 찍어달라고
이쪽으로 이쪽으로 붙어보라고

탑은 가리지 말고

여자들이 뒤를 돌아보며 웃고
사진에는 없던 탑이 생겨나고
일 층
이 층 올라가고
구 층에 다다르면 거기에는 새들이 지나가는 허공과
허공이 있다고 바라보는 시선
쉼보르스카의 시를 읽는 사람의 시선
그런 눈으로

내 사진도 찍어주겠다고
탑 앞으로 가서 서보라고

그 사진은 아직 남아 있어

있던 일에
있지 않았던 것이 섞이고 있어

땅속에서 오래된 것이 나오고 있어

정물화

베개에 긴 갈색 머리카락 한 올 그대로 두고 잤다

화장실에 여전히 네 칫솔, 보디로션 통에 끼워져 있는 머리 고무줄

살구색 향수병 뚜껑이 세면대 위에 있다

일본 왕 아키히토가 궁에 사는 너구리 배설물에 대하여 논문을 발표했다는데

난 너의 배설 방법을 연구하고 싶다고

너의 메모가 변기 뚜껑에 붙어 있다

변기가 더러운 날 너는 날 연구하고

나는 매일 너를 연구했다

사과잼과 귤잼이 식탁 위에 있고 그 옆엔 여성용 영양제와 활동 많은 남성용 영양제

빈속에 영양제만 삼켰다

식빵 봉지가 묶여 있지 않다

의자 두 개는 아직도 마주 앉아 있다

다리 네 개가 슬리퍼를 신었다 벗었던, 발가락으로 앞 사

람 종아리를 꼬집었던

　서로 눈을 흘기고 설거지를 미루었던

　어제의 세계처럼

　고양이는 네가 키우기로 했다

　소파에도 슬리퍼에도 이곳에 없는 고양이의 털이 붙어 있다

　비스와바 쉼보르스카 '끝과 시작'은 네 책이고 '어제의 세
계'는 내 책인데

　'아무도 지켜보지 않지만 모두가 공연을 한다'는 아무래도
네가 가져간 것 같다

　'나는 오래된 거리처럼 너를 사랑하고' 옆에 '이걸 내 마음
이라고 하자' 저 시집은

　처음 보는 것

　네가 다시 주문한 '어제의 세계'가 오늘 도착했다

　출근길에 너의 직장에 너를 내려주지 않아도 된다

마트에 들러 치즈를 사 오라든가 식빵이 없다는 전화를
받지 않을 것이다
　마음껏 휴대 전화 게임을 할 것이고
　네가 보는 드라마를 같이 봐줄 필요도 없다

　현관문을 열고 들어가면
　우리가 즐겨 쓰는 세제 냄새 각자의 향수가 섞인 향과 고
양이의 온기
　나누는 방법을 모르는 것이 있고
　그릴 수 있는 것과 없는 것을 모르겠다

　작은 테이블에 자주 멈추는 내 눈길과 네 목소리와 그림
자와
　이불 속 함께 나누었던 체온과 고양이만 알아듣던 네 발
소리를 앞에 두고
　스케치북을 꺼내고 연필을 깎는다

조지 손더스

소개팅을 하기로 했다

미리 병원에 가서 상담받고 소개팅에 필요한 마음을 처방받았다

의사는 마음이란 게 마음을 먹은 대로 되는 거라며 세트 메뉴 주문 받듯 끄적거리고 더 추가할 것은 없냐고 했다

약국에선 처방전을 보더니 좋은 일 있느냐며 효과 up이라고 쓰여 있는 드링크를 하나 서비스로 줬다 좋은 일은 어쩌다 한 번 생기고

올리브영에 들러 '이지적이고 스마트한 이미지' 얼굴 팩을 샀다

돌아오면서 '사려 깊고 반듯한 이미지'로 살걸 그랬나 후회했다 두 가지 얼굴을 만들 수 없다는 게 아쉬웠지만 머리 두 개를 샴푸질하는 것보다는 괜찮다

마음은 먹지 않으면 비어 있고, 거리는 조용하고

나무 그늘에서 통화하고 있는 사람의 표정이 좋아서 한참 쳐다봤다

소개팅하는 날 아침 '본심은 감추고' '매력적으로 술술' '매너 백 프로'를 효과 up 드링크와 함께 먹었다 자기 전에 붙인 얼굴 이미지 팩 덕에 날렵하게 보이는 턱선과 코끝, 은은하게 발광하는 혈색으로 보이고 있었다

'본심을 감추고'는 사람들이 가장 애용하는 마음이라는 뉴스를 본 적 있다

소개팅이 끝나면 상갓집에 가야 해서 '조용한 눈물'을 가방에 넣고 집을 나섰다

그런데 마음을 잘못 먹은 건지 여자와 마주 앉자 눈물이 흐르기 시작했다

가방에 있는 마음은 '조용한 눈물'이 아니라 '매력적으로 술술'이었다

마음을 먹지 않고 마음을 다하기는 어렵다 먹은 마음이 제대로 효과를 내지 못하면 먹은 마음과 있던 마음 들이 늘어져 무겁다

계속 눈물은 흐르고 당황스러웠는데 턱을 세우고 어깨를 으쓱거렸다

여자는 어떤 약을 먹고 나왔는지 모르겠지만 입꼬리를 올리고 계속 싱긋싱긋 웃고만 있었다

화장실에 갔다가 곧바로 돌아가버리고 싶었는데 '매너 백프로' 때문인지 테이블로 돌아가 웃고 있는 여자에게 반듯하게 인사하고 아름다운 분을 만나 기뻤다고 말했다

여자는 계속 콩순이 인형처럼 웃고만 있었다 마음의 복용량을 지키지 않은 게 아닐까 싶었다

지하철에서 사람들이 쳐다봤다 마스크를 쓰고 울었다 노선표 옆 광고판에 '회사에 데려가지 않는 열정' '상사 앞 30분' '흙수저 부터 반나절'을 광고하고 있다 손수건으로 눈을 가리고 계속 흐느꼈다 조용하게

모든 효과가 다 사라지고 서서히 내가 나타나 침대에 누웠다 내가 다 올 때까지 눈을 껌벅거리며 기다리는데 도착 시

간이 늦어지고 있다

　섭취한 마음은 셔츠 밖에 달린 주머니의 기분

　마음과 기분의 조율을 '뜻밖의 미래 연구회'에서 연구 중
이라고 한다

☾ 미국 소설가.

만정 낚시터

낚시터에는 아무도 없었다
그늘 쪽에 자리 잡았다
친구도 낚시터도 오래간만이었다

낚싯대가 물속으로 들어가면 라면이 끓는다
찌가 한 번 흔들렸다 얼른 줄을 감아올린다
운동화 한쪽이 걸려 올라오고
물밖엔 없는 사람이 물속엔 그득한 걸까
물속이나 물 밖이나
살아 있는 것만큼 죽은 것들이 있는 것일까

라면도 김밥도 다 먹고 여름으로 가는 볕이 그늘을 파먹고
  소풍 가는 마음이 도착했다가 돌아갈 때는 어떤 마음을
가지고 가는 게 좋으려나
  하나둘 늘어난다
  맞은편 남자는 벌써 세 마리째 향어와 붕어를 잡아 올리
고 있었다. 낚시마저 공평하게 기회가 돌아오지 않는다며 일
본의 상왕 아키히토가 물고기 전문가이기도 하다는 걸 아냐

고 친구가 물었다 얼마 전에 「망둑엇과 어류의 진화」라는 논문을 발표했다는 것이다

　살아 있는 물고기를 잡지 못하면 시간은 죽어가고 낚시터 군데군데 누군가는 졸고 있고 누군가는 통화를 하고 나무에 앉았던 새가 날아오르고 맞은편 남자는 이제 네 마리째 물고기를 망태기에 담고 있다
　일어나라는 일은 좀처럼 일어나지 않고 친구와 나는 입을 꾹 다물고
　물속만 쳐다보고 있다

　그러고 있다가 친구가 일이 더럽게 안 풀린다며
　입을 뗐고 물속에서 물고기 한 마리가 산 채로 나오는 게 어려운 일이냐며
　얼마나 간절해야 하는 거냐고 했다

　낚싯줄이 내려오면 물고기들이 서로 그것을 물려고 할까 물지 않으려고 할까

미끼를 물고 갑자기 사라진 물고기를 물속에서 찾을까 물
밖으로 나갔다고 생각할까

가만히 형광색 찌를 쳐다본다 안 움직이길 바란다

친구는 더위가 너무 일찍 오고 있다고

봄비가 너무 많이 왔기 때문이라고 토를 달며

일어나지 않은 일에 이유를 찾고 있다

일어난 일에 이유를 찾는 거보다는

그편이 좋겠다고 생각하면서 의자를 접었다

친구도 일어나 기지개를 켜고 의자를 접었다

0   47

사지 寺址

입술 위에 밥풀만 하게 붙은
점을 빼러 갔다
의사는 뿌리가 너무 깊어 빼도 다시 생길 수 있다고 했다
뿌리가 깊다는 말이 칭찬인 것 같기도 해서 할머니, 아빠
얼굴 구석구석을
떠올려보다가 버드나무가 된 기분
딱 하나 내 깊음이라고 자랑할 수도 없고 하는 말마다 밥
풀이 붙어 나올 것만 같아

점을 뺐다
이 빠진 자리에 나도 모르게 혀가 가듯 점이 사라진 자리를
병원 화장실에서도 엘리베이터에서도 들여다보았다

점을 빼낸 것이 아니라
점이 나를 떼어낸 건 아닐까
절이 싫어서 절터만 남기고 모두 사라진 건가
점점 더 서운해진다
이름까지 새겨둔 열쇠고리가 없어진 것도 나를 싫어하는

것들이 속속 밝혀진다

  펜코 볼펜을 함께 사서 나눠 가졌던 경민은 키스할 때 점
이 자기 입속으로 떨어질까봐 조마조마하다고 했다
  떨어져 나간 건 경민이다
  밥풀의 점성을 잘 아는 사람이었다 계속 붙어 있었으면
굳어버렸겠지

  나를 떼어낸 점은 나를 잊어도
  점이 사라진 자리를 내가 잊을 수 있을까

  떡국 속 떡을 초간장에 찍어 먹길 좋아한다
  헤어지고 만나는 일을 닮아서, 찍은 건가 안 찍은 건가 헷
갈려서
  다시 초간장에 떡을 찍어 먹었다

  없어진 것을 눈치채지 못한다

학교 입지 조건

구포역 철로 위 육교를 건너다녔다 학교 정문을 나와 길을 따라가면 큰 시장이 있었다 가끔 친구들과 그 시장을 괜히 누비고 다녔다 개를 잡아서 파는 유명한 골목이 있었다 커다란 고무 드럼통에서 개들이 뻣뻣한 다리 네 개를 뻗쳐 올리고 줄지어 있었다 우리가 볼 수 있는 건 개의 발모가지들뿐이었다 드럼통 속 보이지 않는 나머지 개의 몸이나 얼굴은 어떤 상태인 건지 도무지 짐작할 수 없었다 우린 눈을 반쯤 감은 채 그 골목을 빠져나오곤 했다 빠져나와서는 우리가 반쯤 본 것에 관해 이야기하지 않았다

친구 중엔 팔다리가 곧고 긴, 얼굴까지 예쁜 친구가 있었다

어느 날 복도에서 남자 국어 선생님 앞에 바짝 얼어붙어 서 있는 뒷모습을 보았다

친구의 앞모습은 알 수 없었지만 꼭 드럼통 속에서 다리를 뻗쳐 올리고 있는 죽은 개같이 느껴졌다

그러고는 친구와 그 선생님이 이상한 사이라는 소문이 돌기 시작했다

도는 것은 꼭 제자리로 돌아가지만

구포역에서 버스를 타러 가는 반대쪽 골목에는 여자들이 나와 앉아 남자들의 팔을 잡아당긴다고 하든가 남자들이 여자의 팔을 잡아당긴다고 하든가 하는 길이 있었다 그즈음 가출한 친구를 학생 주임 선생님이 거기서 봤다더라는 소문까지 학생 수만큼 머리 위에 떠다니는 다른 세계는 빠르기도 하고 느리기도 했다 집으로 돌아가는 버스를 기다리는 시간은 강둑을 바라보고 서 있었다 강둑은 반대쪽에서 바라만 봤다 선생님들이 가지 못하게 하는 곳이었다 강이 뭘 어쨌다고

우리가 뭘 어쩐다고

학교 밖은 바람에 치마가 뒤집히는 육교와 버르장머리 없이 다리를 뻗고 있는 죽은 개들과

친구가 화장하고 앉아 있다는 홍등가가 있고

더럽게 아름다운 강이라 우리는 가면 안 되는 강둑 가본 적 없는, 있는데 본 적 없는 것들이 있고

큰 나무들이 운동장을 에워싸고 있는 학교 안엔 오래된

벤치와 등나무, 꼬고 꼬느라

시작과 끝을 알 수 없는 등나무 아래 앉아 있으면 손가락만 한 송충이가 툭툭 떨어졌다

놀라 소리를 지르며 친구 목덜미를 털어내주어야 했다

음악실에선 흘러내려 가는 그 강이 보였다 친구가 거기서 강을 따라 무엇인가 흘려보내며 했던 말

국어 선생님이 자꾸 만져

친구는 울었고 나는 두려웠다 학생을 만지는 선생님

초등학교 체육비품실에도 있었고 국어 시간 학생들 책상 사이를 걸어 다니며 팔뚝 안쪽을 주무르던 선생님도 있었다

역에 기차들은 잠시 섰다가 가고 사람들이 쏟아져 나오고 가을 축제 부채춤, 술렁이는 장면과 불안하던 날들, 믿을 수 없는 선생님들 속에 모두가 다리를 드러내놓고 드럼통 속에 굳어 있는 것 같았다

철도 육교 아래에서는 선로가 만났다 갈라지기도 하고 멀

리 사라지는 기차의 꽁무니가 보이기도 했다

그리고 강물이 흐르고 있었을 것이다 더러운 물이었을 것
이다

선생님이 친구를 만져요 더러운 물에 외쳤으면 좋았을걸

더 더러운 것이 흘러내려 가고 더러운 것이 흘러왔을 텐데

그런데도 아름다웠겠지, 생각했다 강둑엔 무엇이 있었을까

여자들의 팔을 붙들고 늘어지는 선생님이 있었을까

벤치에 앉아 가출한 친구와 입을 맞추고 있는 선생님이
있었을까

살찐 송충이같이 그걸 구경하며 강이 흘렀을까

제2외국어

데이빗은 데이빗에게 아침마다 전화합니다
데이빗에게 제2외국어는 침묵입니다

데이빗이 데이빗에게
할 말이 많은 날
수화기를 귀에 붙이고 데이빗 집을 둘러보는
데이빗을 금붕어가 쳐다봅니다

데이빗과 데이빗이 마주 앉은 식탁
금붕어들이 떠들면서
새로운 데이빗을 뱉어냅니다

데이빗은 데이빗에게
'할 말을 하지 말길' 3강을 배우는 중이고

데이빗은 밤식빵에 박힌 밤만 골라 먹고

데이빗은 묵비권을 행사하는 것일까

데이빗은 데이빗에게 불리한 증거는
묵사발 내야 하며

구멍 난 밤식빵이 접시 위에 널브러져
중얼거리는데
데이빗과 데이빗은 알아들을 수가 없고

금붕어들은
끊임없이 입을 벌리고

데이빗 집에 또 전화벨이 울립니다
데이빗이 전화 받으러 가는 중에
전화는 끊기고
데이빗과 데이빗이 마주 보고
뜬눈으로
죽은 척합니다

나일론

두드리지 마시고요 열십자를 그으시고요
토마토에게는
어려운 일을 쉽게 하고 싶은 마음
살짝 삶아냅니다

얄팍한 기도인지
정수리의 기도인지는 껍질을 벗겨
올리브유를 두를 때도 몰라요
미끄러져야 터지는, 손을 잡아다
식탁 앞에 놓아도 입이 떨어지지 않고요

무화과잼을 고는 냄비에 어제부터 끓인 도가니탕에
내 교회는 내가 짓는 나일론 신자
너무 뜨거운 기도는 오그라들어 붙어버리거든요

우리에게 일용할 양식을 주시고
그저 양식만을,
욕심 없는 사람이라고 잊지 않고 말해요

에어컨 실외기에 물을 뿌리며 영상을 찍어 올리면
실내는 더 시원해지고 조회 수까지 왜 대박이 나는 건지,
내 인스타그램엔 놀러 오지 말아주시고요

코 삐뚤어지게 술 마시느라
오늘 밤 교회는 쉬어갑니다
밤사이 반석이 기울어지지 않을까
내일 다시 지을까

내가 기도를 원하고 원하는지는 모르겠지만
기도가 나를 원하지 않고
젖으면 빨리 말라요

경야經夜

일요일에 왔으니까요
일요일에 가는 게 어때요 아무 부담 없지 않을까요
틀니조차 걸 수 없다고요 입 벌려 억억거릴 때
차곡차곡 다져진 미련 내가 다 봤어요
꿀꺽 삼켜요 그거

똥이 질면 질다고 때린대요 볼기를
되면 되다고 때린대요
볼기짝이 원숭이 같을 거라고요
요양 보호사를 원망하나봐요 그러지 마세요
손을 잡고 가야 하나요 놓고 가야 하나요

팔다리가 투명해지고요
껍데기를 나온 껍데기처럼 쫄깃해 보였어요
뭐라도 씹을 수 있을 것 같거든요

시계를 보다가요 엄지손가락으로 꾸욱
하루살이 한 마리 눌러 죽이고 돌아 나왔어요

일요일에 다시 올게요
침대보다 더 납작해진 사람들이
딱딱한 제 그림자에 등을 기대고 있어요

나를 얼마나 기다렸던가요
나는 얼마나 기다려야 하나요
부채질 중이에요 잘 타버리라고요

우린 서로를 지나가야 하잖아요
일요일에 올게요 못다 쓴
얼굴 가지러

한지에 만남

낮에 미술관에 들어가서
밤에 나왔다

마흔 넘어 그림 공부를 시작한 화가가
여성 애국지사들을 그려놓았다

나 하나 어쩌지 못하는 내가
눈을 지그시 뜨고
그림에 가까워졌다가 멀어졌다가 그림을 보았다
가까이 보면 그림 옆에
한지에 분채라고 쓰여 있다

윤석남 전시회인데 그림마다 한지에 이름이 쓰여 있는 걸까
누군가 중얼거려서 '한지에'가 이름처럼 보였다
인물이 또렷하게 나타나고 배경은 단순한 그림들

이스라엘과 팔레스타인 전쟁 역사는 복잡해서
들을 땐 알았다가 돌아서면 모른다

지금까지 모르는 것들은 알고 싶지 않다

공부하지 않는 난,
요양 보호사 자격증이 없고
공인 중개사도 아니어서 이름 쓸 곳이 없다

한 애국지사의 손을
자세히 들여다보는 관람객
그의 어깨에 떨어져 있는 긴 머리카락을 떼어주고 싶은데
그런 건 할 수 있다

자세히 보면 뜻밖의 것을 보는 재미
떨어진 머리카락은 뜻밖에만 있으니까
미술관 벽은 머리카락에 가려진 내 귀처럼
희고 막막한데

나와 나 사이는 거리를 유지해주세요

무거운 문을 밀고 나오니

저녁밥을 걱정하는 내가 기다리고 있었다

'한지에'가 있었다

2부
죽기 살기로 떠다니는 발들에게

mother machine

책상에 앉아 나의 쓸모를 계획해요
기분 좋을 때 머리를 씁니다

슬픔에 빠진 기계를 위해 우는 일은 내가 해주겠다고
웃다가도 재빨리 우는 거
조금만 닿아도 따뜻하게 느껴지게 하는 거
내가 전문이거든요

미세한 먼지가 잘 닦이는 금속용 마른걸레도 사야 한다고
메모했어요
이놈의 먼지는 닦고 나면 쌓이고 닦고 나면 쌓이고
살고 나면 또 살고 살고 나도 또 살고
먼지의 정체가 인간의 죽은 피부라는 걸, 나도 기계도 압
니다
기계의 먼지를 닦아주는 건 기본 서비스입니다

기계는 기계를 생산하지만 인간을 인간만 낳는다고 할 수
있나요

성서를 지금 쓴다면 아브라함은 이삭을 이삭은 야곱과 에서를 낳고 야곱의 아들의 딸의 아들의 딸의 아들의 아들의 딸의 딸의 아들은 기계를 낳았다고 쓸 거예요

수명 다한 비행기는 애리조나 사막의 비행기 무덤에 묻힌 대요
기계는 어디에 묻히려나
비석은 살아 있을 때 준비한다니깐 낡은 기계에게 따뜻한 나무 비석 하나 팔아야겠어요
비석에는 단 한 줄만 쓸 수 있는데 기계 님 뭐라 쓰실지요
oh, mother!

메모장에 oh, mother 써 둡니다
mother는 언제까지 쓸모가 있을까

나의 쓸모가 더 생각나지 않을 땐 오래된 텔레비전 프로그램 중에 자연인이 나오는 프로를 찾아봐요 갖은 방법으로 주인공들이 너무 자연이었던 게 부러워요

어떤 기계는 보이지 않는 곳에 박혀 So natural Hum, Hum,
거릴지 모르지만

나는 어디에 묻히나요 더는 지구가 인간을 안아줄 수 없
다고 했어요
작은 기계에 담아 우주로 날려버릴까요 그러니까 나의 무
덤은 기계 속인가요 마지막 엄마는 기계인가요

성가시게 파리가 날아다녀요 파리는 어떻게 지금까지 멀
쩡하게 번식하는지 몰라
끈끈이주걱과 파리지옥은 햇빛과 물만으로는 살 수 없고
나의 연명은
움직이는 것들을 눈으로만 쫓는 데서 가능해져요

동북 방향

아빠는 태화고무 동쪽에서 기다리고 있겠다고 했었다

꼭 동쪽이었다

난 동서남북 몰라요 해도 아빠는 동쪽서 기다리고

학교 수업이 끝나면 태화고무 동쪽에서 만나 자갈치 시장에 갔다 건어물과 밀가루를 파는 아빠는 그곳에서 물건을 떼었다

마른 것들은 정수만 남은 것들이다

정수가 뭐예요 해도 설명해주지는 않았지만 그건 갈아지고 갈아져서 부드럽거나 날아갈 것은 다 날아가고 남은 끈질긴 것이 아닐까

아빠는 키가 커서 태화고무 담벼락 플라타너스가 바람에 흔들리면 같은 방향으로 흔들리며 서 있는 것만 같았다

피부가 검은 아빠와 나

키가 큰 아빠와 나

우린 따뜻한 콩국을 좋아했다 콩국에 밀가루 튀긴 것을 담궈 먹었다 한 그릇씩 앞에 두고 앉아 있으면 펄떡펄떡 튀어 오르는 고등어, 들통을 탈출한 대왕 문어가 어디로 가고 있었다

아빠도 이젠 탈출했다

울주에 중국인이 요우티아오'를 판다고 해서 가보았다

붉은 한자들이 잔뜩 쓰여 있는 가게에는 중국 사람들이
많이 앉아 있었다

사장님은 중국 동북 사람, 하얼빈이 고향이라고 했다

울주는 한국의 동쪽이지만 중국 음식 파는 곳에 중국 사
람이 많은 건 이상하지 않다

요우티아오 사장님은 화천 얼음 축제에 다녀왔다고 중국
손님들한테 자랑하고 있었다

중국 손님들은 뜨거운 콩국을 불어 먹다가 빙등이 여전히
아름답더냐고 했다

화천 얼음 축제에는 하얼빈의 얼음으로 만들어진 조각품
들이 해마다 전시된다 그것들이 기차를 타고 오는지 냉동고
속에 들어앉아 오는지 도무지 모르겠지만

사장님이 화천서 보고 온 것은 무엇일까

태화고무 자리 앞 키 큰 아빠와 내가 손잡고 서 있는 사진
을 들여다볼 때마다 내가 보려고 하는 것은 무엇일까

☽ 가루 반죽을 발효시켜 길쭉한 모양으로 기름에 튀긴 음식. 중국, 대만 사람들이 아침 식사로 먹
는다.

무릉

새우는 언제 등을 펴나요
펴는 것보다 한 번 더
구부러지는 게 쉬울지 모르겠지만
불판 위에서도 펴지지 않는 등이 꼴 보기가 싫고요

바닷가 자갈들은 여기서 더 구르면 사라지는 거라고
이제야 난리

우리 집은 저기 저 언덕을 한참 올라야 있고요
무덤 위에 지은 집이라
방바닥이 고르지 않아요

밤새 엎드려 자고 나면
무능과 무릉과 무능과 무릉한 채 무릎걸음으로 방에서 나
오고
낮엔 가난한 동네가
밤이 되면 끝내주는 야경
무능과 무릉과 무능과 무릉한 외지인들은 낮에만

무덤 사이를 걸어요 낮에는 무릎쓸 수 있어요

새우 뒤집는 것에 열중하는 애인이
우리 이따가 새우 꺾기 어때?
나는 새우 꺾기는 인권 침해라고 소리 질렀어요

등받이 없는 의자에 해삼처럼 붙어서
파도가 너무 조용하다며
제 일 하지 않는다고 고요를 타박해요

가로등들은 맨날 자기 탓이라는데
고요한 것들은
할 줄 아는 게 없어,

새우가 날개 달면 날개 달린 새우고요.
새우가 바퀴 달면 바퀴 달린 새우고요.
나는 등을 곧추세우고요.

아빠는 허리가 굽은 채 죽었답니다.

공은 어디로 갔을까

—크림 전쟁

요즘 그는 2층에서 생활하고
나는 1층에서 생활하고 있다
우리 개는 2층과 1층 사이
초코파이라면 마시멜로 층에 자리 잡고 있다

이 집을 중개한 부동산 소장님은 둥글지도
네모나지도 않은 안경을 낀 여자분이었다
아주 많이 오르지도 그렇다고
떨어지지도 않을 가격이 형성된 동네라는 설명이
최적의 조건이라는 소리로 들리고

뒤집어도 다시 뒤집어도
정情처럼
섞이지 않는 층과 층 사이에서 우리 개는 올라가고 내려
왔다

2층에서 개에게 던져준 고무공이 나무 계단으로 퉁 퉁 내
려오면

뒤이어 계단을 밟는 개 발걸음 소리가 들리고
입에 공을 물고
속이 텅 빈 것을 물고서 1층 소파에 앉은 나를 쳐다본다
정情처럼
물끄러미 본다

체온에 초콜릿이 녹을 수 있으니
가급적 포장지로 감싼 채 드십시오
무르만스크 항구에서 파는 초코파이는 늘 단단하겠지

고무공이 다시 내려오고 뒤따라 개의 발소리가 들리는 순간
아기가 공을 가지고 놀다 제 기저귀를 빨고 있던
나에게 공을 던졌던 일이 기억났다
공 너라도 엄마한테 가보라고

그래서 내가 왔어요
개가 내려와 공을 물기 전 식탁 아래로 몸을 굽혀 공을 주
웠다

마시멜로는 항염 효과가 있다

최근 마시멜로를 크림으로 바꾼 초코파이가 나왔다

이 크림은 양쪽으로 촉촉하게 스며들어 결정적이거나 획기적인 변화를 만들 수 있을까

공을 들고 2층으로 올라갔다가 더 곪아버리고 마는 건 아닐까

김용대 한의원

친구와 한동안 한의원에서 침을 맞았습니다
다른 병으로 나란히 침대에 누우려고
함께 가고 돌아왔습니다

친구는 때때로 내 말에 따끔거린다고 했고
나는 상처를 한꺼번에 모았다가 너도 만만치 않다고 했습니다

다른 사람들도 다 이런 줄 알고
고치지 않고 살았냐고 한의원 선생님이
배를 자꾸 눌러봤어요

철학관에서는 땅을 뚫고 나오는 죽순이나 고사리를
많이 먹는 게 좋다는 말을 들었고요
한 봉에 하루 치씩 견과를 두 봉, 세 봉 뜯어 먹으면
시간이 빨리 가버립니다

사흘 치의 시간을 앞당겨 쓰는데도

커진 비장은 아주 조금씩 작아지고 있습니다

서서히 흑임자라거나 초코우유라고 불리지 않게
혈색이 좋아질까요
우리나라와 쿠바의 수교는 잘한 것일 테죠

사주가 겨울 화초라니까
빛을 가진 사람을 가까이하고 싶은데
우린 날카롭고
과거를 바꿔야 인생이 바뀐다는 말을 이해하지 못해서
계속 뾰족합니다

침을 함께 맞으러 다니는 사이가 아니라
목욕하러 다니는 사이라면 우린 부들부들해졌을까요

사흘 치의 견과류를 순식간에 먹어 치웠더니
명치가 아파서
내일도 침 맞으러 가야겠습니다

이번엔 친구와 같은 증상일지도 모릅니다

못난 세계

식당 일을 전전하던 여자가 새로 얻은 일은
건축 현장에서 못을 뽑는 일이었다

한 번도 생각해본 적 없는 세계의 일
박힌 못을 뽑는 것도 짓는 일이라고
자부심을 가졌다

앉을 수도 설 수도 없는 자세
힘 조절을 잘해야 하는 게
힘을 쓰는 일에는 힘 말고도 필요한 것이 있었다
이를테면 얼마 안 남은 비누의 라벤더 향, 너덜너덜해진
전단지 청테이프,

손가락마다 못이 박히기 시작했지만
돈 벌어서 하고 싶은 일을 생각하면 못이 잘 뽑혔다
뽑아낼 때마다
실패에 붙은 이자를 갚고, 옆으로 옆으로 옮겨 간다

길 건너 오래 산 사람들은 참외 배꼽으로 태어났다

오래된 무덤 꼭지를 떼어내면
센트럴파크 해링턴 스퀘어 주민이 되는 거라고
믿어도 될까
철거된 마음은 새로운 너비를 가지게 될까

일 층 점포에 뭐가 들어오나 꼭 와봐야지
건물 방향이 좋다고 그쪽이 여자의 미래라고
허리를 펴며 믿기 시작했다

뼈대와 벽만 있는 이 집도 냄새를 가지겠지
옆으로 다시 발을 내디딜 때
밖에서
안으로
운동화 바닥에 붙어 있던 미래를 뚫고 들어오는
못

현장 사람들은 보름달 빵과 우유를 들이켜며
여자를 생각하지 않았다

파상풍 주사를 맞고 붕대를 감고 누운 여자는
안전화를 주문했다
발이 안전해지자

문자 메시지가 왔다
오늘 치 일당 입금해드렸고,
공사 일정이 급해서 내일부터 다른 여사님이 나올 겁니다

여자를 못에 걸어두고
저녁이
다시는 못 만날 세계로 들어가고 있었다

빙산의 일각

훈자를 꿈꿔요
출근하지 않기로 하면
모두 가난해질까요

북극곰 한 마리
빙산의 일각을 메고 사무실에 나타났어요

윤기 없는 뱃가죽
녹아내리는 얼음 산인지
서류 더미인지

얼음에 걸터앉아 중얼거려요
저녁 반찬거리도 없고
알아
세탁기에 빨래도 그득하다니까
알아
도로는 죄다 얼어붙었다는 것도
곰 씨는 좋겠네

버스는 기어 오고
곰들도 사람들도 죽기 살기로 둥둥 떠다녀요

창문에 머리 부딪히며 졸다가
하차 벨은 곰이 눌렀어요
저녁 장을 보고
비탈길을 올라가요 훈자로 가는 길이 전쟁으로 막혔대요
사라진 건 아니니까
나는 갈 거니까
나도,
글쎄

콩나물국 불을 줄이려
허리를 구부려요
등화관제와 야간 폭격에도 무너지지 않을 낮은 세계

죽기 살기로 떠다니는 발들에게

겨울 저녁 여섯 시

북극곰이 빙산의 일각을 메고 나타나면

꿈은 깨고

일은 접고

불은 끄고

↳ 파키스탄 주요 관광지. 천혜의 자연환경으로 장수촌이며 유토피아적인 지역.

눈사람 안경원

눈사람 안경원에서 다초점 안경을 꼈다가 벗었다가 초점을 맞춰본다 안경 안에서 두 개의 초점이 만들어지는 동안 내리던 눈이 멈추었다

눈사람이 녹아내리고 있다
머리와 몸통의 경계가 사라지고 있고
한 개와 한계가 사라지고 있다
늙는 것과 녹는 것
덩어리가 되는 건 징그럽고 아름다움이 없는 것인지 쓸모가 없는 것인지

한 계절을 넘기지 못할 것 같다는 외할머니
발밑을 지키던 늙은 개는 할머니를 닮아간다
엉성해진 털을 위해 코트를 장만했다
코트를 위해 실을 짜고 실에 맞춰 단추를 준비해 늙은 개는 코트에 맞춰 늙어왔다
요즘은 할머니 돋보기까지 쓰고 있다

안경원 밖으로 늙은 개 한 마리 지나가며
점점 더 늙어간다

높은 전깃줄에 붉은 것이 묶여 있다

들어갈 땐 눈사람 안경원
나오면서 보니 눈 사랑 안경원
조금 녹았다

우엉 우엉

산을 마주 보고 빨간불에 신호대기하고 있었다
왼쪽 도롯가부터 개 한 마리 슬슬 걸어왔다

사람들 발길이 내어둔 길
그 개가 오솔길에 들어섰다

꼬리를 내리고 누런 개 산으로 걸어 들어갔다

좌회전 신호가 들어오고
한살림에 우엉차와 풋사과를 사러 가는 길

우엉차가 우엉을 썰어 말린 나무토막 같은 차라는 게
그것을 우리면 구수하고 몸에 좋다는 게
잘난 풋사과가 풋사과인 것은 정신 똑바로 차려도 순간이
라는 게

한살림엔 자연스러운 먹거리와 생필품이 많았지만
자연은 어렵고 귀하고

산으로 들어가는 누런 개
돌아오는 길엔 만나지 못했다

풋사과
우어엉
간 김에 동백 오일도 하나 샀다

친구 아내가 난소암 수술을 하고 요양원에 들어갔다고 들
었는데
아직 친구는 만나보지 못했는데

오솔길,
개가 내었던 걸까

가던 길을 똑같이 되돌아오는 길

그날, 쑥

작은 점에서 털이 자라고 있다
여기밖에 자랄 곳이 없다는 기세여서
연필로 꾹 눌러보고
이쪽에 눕혔다가 저쪽으로 일으켜 세워놓아도
무덤에서는 어쩔 수 없는 자세

쑥을 많이 넣고 찰떡을 만들어놓으면
끼니가 되고 몸에도 좋을 것이라고 친구가 말했었다
매일 한 덩어리씩 죽음을 먹어 없앨 것처럼
먹으라는 말이 좋아서 찰떡을 만들었지만

무덤에 누워서도 살고 싶을까
피워 올린 쑥과 풀을 뽑아내다가 난
당신이 밉지 않아지고

좋아하던 와인과 쑥떡이 잘 맞으려나 모르겠다
죽어서라도 몸에 좋으라고
매일 쑥떡을 가져다주고 싶으면서

허리 아파 이젠 못 오겠다고 했다

풀이고 털이고
잘 자라는 것들이 무서울 때가 있다

화투패를 섞으며 이름과 날짜까지 섞어버리는 노인
풀과 털을 뒤섞고
산 사람이 죽은 사람을 들쑤신다

⌣ 2022년에 발표된 송해수의 동화 제목.

앉은뱅이 전쟁

아직 앉아 있다

선전포고만 한 채 공격을 미루고 있는 군인들이 앉아 있다

할머니는 볕이 드는 창가에 앉아 있다

앉아 있는 게 않는 것은 아니다

저 창가에서 벌을 서고 있을 때 노을이 졌다

색색의 삐라들이 나무 위에 도로 위에 내려앉아 있었다

우리 개는 삐라가 뿌려질 때마다 미친 듯이 짖어댄다

삐라는 사전 어디에도 앉을 데가 없는 말이다

없는 것이 한가득 내려앉아 있었다

할머니는 아직 주방 창가에 앉아 있다

텔레비전에서 어떤 미국 사람이 자신이 참전한 전쟁을 떠벌리고 있다

어느 도시에선 시체를 치우고 있었는데 알고 보니 양복점에서 튀어 나온 마네킹이었다고 그랬다 죽은 사람과 죽은 마네킹 어느 쪽이 더 무거울지

죽은 사람은 누운 사람일까

언제쯤 일어나는 순간이 올까, 전쟁이 일어난다

할머니한테 아빠가 돌아온다면 주방 창으로 들어오진 않

을 거라고 말하고 마당으로 나갔다

개는 밤나무 아래 앉아 있다가 나를 보면 항상 일어났다

카페 아르바이트 학생은 앉지 못한다

이 학생은 내일, 면접을 기다리며 앉아 있을 것이다

요금소에서 통행료를 받는 사람은 설 수 없다 차들은

앉아 있는 사람을 지나간다

일요일 아침 할머니는 성당에 가기 위해 일어난다

의자를 밀며 걷다가 앉는다 앉았다가 걷는다

성당에서는 일어났다 앉기를 반복한다

할머니의 하느님은 앉아 있는지 서 있는지

이미지가 잘 앉히지 않는다

가슴에 앉은 상처 딱지를 긁으면서

하느님은 만찬 때만 앉아 있다

주방 창가에 내놓은 넝쿨 식물이 다리를 꼬고 앉아

올라가고 있다

구면

죽은 사람 어깨 두르고 노래방에 갔습니다
여러 번 술병이 아는 척합니다
목이 감겼습니다 오징어 다리에
목이 남아나질 않습니다
내가 아는 목소리는 죽음을 담고
금방 사라져갑니다

당신이 불렀던 노래만 예약했더니
모든 자막을 놓치고
음정을 놓치고 박자를 놓치고
흘러가게 놓아두었다가
내가 부를 수 없게 된 이름같이

좋아하는 생선 구웠다고 밥 먹으러 오라고
엄마가 자꾸 전화합니다
잘 들리지 않아서
저런 세상과 이 세상 거리만큼 소리를 질러야 합니다

착하면 일찍 죽는다고 착하지 말라고 하더니

엄마는 아직 살아서 아빠 십팔 번을 잘 부릅니다 꿈에도

나타나 생선을 발라줄 잘 모르는 사람

아는 죽음에 모르는 죽음도 가끔 같이 노래합니다

이따금 슬퍼합니다 누가 죽었더라

죽음이 점수 매깁니다

아는 노래라곤 다 구닥다리

모르는 노래만 부르고 왔습니다

죽음도 두고 오지 못해 같이 왔습니다

살아 돌아온 건지 모르겠습니다

피가 났던 자리에는 왜 딱지가 앉을까?

아내 얼굴과 내 얼굴 두 개로 딱지를 접는다
적당히 두툼한 입술과 둥그런 코
귀는 반으로 접어 두께를 만든 딱지
목숨이 두 개라면 좋겠지만 아내 귀걸이 두 쪽은 빼두고
양치질은 하고 왔어야지

귀 뒤에 입이 와서 붙었다
귓불을 살짝 깨물어보고 싶지만, 다시 숨 좀 참아봐 빨개
지고 있다
상종 못 하겠네
코에 입을 붙이고 싶은 건 아니지?

열십자로 교차시키면서 몇 번 사선을 만나고 나면
몸이 접히도록 아파도 좋았다
숨 쉴 틈이라도 있으니 좋았다

설날 저녁 건전한 가족들은 딱지치기지
어깨 풀며 입장

팔을 높이 들었다가 내려친다 쪼그리고 앉아 친다
치고, 치면서
삼촌은 침을 튀기며 새 아파트 자랑질
뒤집힌 할아버지 왕년은 한쪽으로 몰린 눈, 돌아간 입

아내 눈두덩이 바닥에 찢길 때
내 입이 아내 귀 위에 얹혔을 때 조금만 참자고 속삭였다
또 참아?
귓속으로 혀를 넣을까 말까

해는 떨어지고 쥐 나는 다리 얼얼하도록 뒤집힌 눈으로
후려치는 혈육들
아들놈은 우리 내면을 외면하고
뒤집히든 말든 딱지에 대고 세배하며 롤롤롤
만수무강 롤롤롤 새 무기 장착 롤롤롤

이를 드러내고 바닥을 긁는다 뺨이 다 긁히고
화투처럼 붉어질 뺨도 밥풀 한 점 붙을 뺨도 남아나지 않게

이 바닥에 붙어 있겠다 납작,

너덜거리는 얼굴 둘, 넷, 여섯

진이 빠져 돌아간다

피를 나눴다는 게 무섭군

두껍게 아들들을 접어 넣기 시작한다

아내는 귤 상자를 들고 왔다

제네시스 2026 G100 카탈로그도 덮어쓰기로 한다

내일은 원정 경기다

추석의 아시안게임

세팍타크로 경기를 보고 있던 엄마가 깜짝 놀라며 언제
왔냐고 했다
귀도 늙어 누가 들어와도 모른다며 팔을 쓸 수 없다고 했
다 팔을?
눈치껏 알아들었다
멀쩡한 팔이 쓰고 싶어 어쩌냐고
귀가 있는데 잘 안 들리는 거나 마찬가지라고

한창 아시안게임에 빠져 있나보다 엄마는
채널을 돌리다 수영 경기에 고정됐다
맞아, 이 말을 해야지 했다며 느닷없이 송정해수욕장에서
깊은 곳으로 날 따라 들어오다가 너
죽을 뻔하지 않았냐고 기억하냐고 했다 네가 허우적거리
며 날 쳐다보는데
옷이라도 가져와 던져야 하나 했는데
다행히 큰 파도가 쳐서 해변 쪽으로 널 밀어냈다고

열 살 때였다 기억하고 있었다 엄만 눈으로는 날 놓치지

않으려 했고 침착했다
　　침착한 엄마가
　　섭섭하기도 했다
　　죽는 걸 죽도록 내버려두냐는 마음을 섭섭함이라고밖에
할 수 없을까

　　근데 엄마 난,
　　그거보다 난,

　　수영 선수들이 온몸을 다 쓰며 앞으로 헤엄쳐 나가고 있
었다
　　믿는 것이 있는 몸짓

　　엄마는 나보다 텔레비전을 믿고, 홈쇼핑을 보고 아무것도
사지 않아도 미안해하지 않고
　　홍수 난 나라의 뉴스를 보다가 쓸려 나가는 집과 사람을
보며, 그것이 엄마 집이 아니어서 다행이라고 생각할까

엄마, 찾아오지 않는 나를 원망했다면 그때 내가 송정해
수욕장에서 죽었다고 생각해

그때가 끝이었다고 생각해

갖은 채널을 통과해 저녁에 도착했다
엄마가 알찬 포도를 내오고 포도는 씨가 없었고
굳이 뱉을 것이 없었다
너른 초원이 보이는 다큐멘터리 채널
굶주린 새끼 사자가 표범한테 물려가는 걸
어미 사자는 어쩌지 못하고 보고 있었다 저걸 에미라고
엄마가 깨문 포도즙이 내 눈으로 튀었다

엄마 난,

넌 회사에서 떡값 좀 주디?
포도즙을 닦던 화장지로 눈물을 슬쩍 닦았다

텔레비전에는 내가 아는 사람들만 나오고

아는 사람들 앞에 모르는 사람 둘이 앉았다

구경만 하는 집

베개 옆 공책 가득
라디오에서 들은 것들을
써두었다

능, 묘, 분을 머리 옆에 두고
높아서 엄마는 한 번도 본 적 없던 코를
천장에 붙였다가 뗐다가 바쁘고
나는 총, 총, 총도 있다고
세 번이나 공책 능, 묘, 분 옆에 써 두었다

강을 내려다보는 빛 좋은 자리는
웃돈이 붙을 만큼 붙었다
진작에 샀으면 좋았을 것이란 말은 뻔하다
죽어서도 부촌에서는 살지 못해
중개인은 눈높이를 낮추라 하고

둘러보면 덩치 큰 동물의 온기
천정을 덮은 뿌리들

등에 점이 있는 갑충들과
사랑에 빠졌었던 개미 떼가 자리 잡아볼까
간 보고 있다

어항 속 구피들 뉴스 시간을 좋아한다
태어나 다시 엄마 뱃속으로 들어가는 사건보다
내가 낳지 않은 것도 먹어 치웠다는 뉴스가 뉴스답다고
한다

엄마 집도 불가피하게 내가 승계받고
무덤 속 엄마 겨드랑이 아래 파고들면 안 될까

무덤까지 드나들며
귀한 거라곤 내가 다 빼먹은 껍데기일 테고
두꺼비가 없고 모래가 없고 부당한 계약이지만
겨드랑이 아래 세 들면 안 될까

국숫집엔 밀가루 가격이 올라서 불가피하게 가격을 올릴

수밖에 없다고

주저리주저리 메뉴판 옆에 쓰여 있다

일단 길게 길게 국수나

먹고 다시 이야기하자

☾ 주인 없는 무덤이지만 가치 있는 유물이 많이 나온 경우의 무덤.

공은 어디로 갔을까

—그랜드슬램

벽치기를 했다

배운 적 없는데 엄마 테니스 라켓을 들고 나와 허우적거
렸다

라켓에 공이 들어맞을 때보다 화단으로, 주차된 자동차
아래로 공을 주우러 다니기에 바빴다.

힘껏 칠수록 종잡을 수 없게 벽을 맞고 공이 튀어나왔다

식탁에 앉아 동네 아주머니들이 딸기 꼭지를 따고 있었다
아주머니들의 이야기는 연예인에서 아이들의 시험 문제에서
교통경찰인 현희 아빠가 가죽 장화를 벗으면 지폐가 쏟아진
다더라며 눈을 끔벅거리고 오늘 저녁 반찬은 뭐 하냐고 하면
마지막이다

식탁 다리에 테니스공은 누가 먼저 신기기 시작했을까

엄마가 다니던 테니스장에 따라가본 적이 있다 울타리 주
변으로 테니스공이 천지로 굴러다니고 있었다

바퀴 달린 들통에 청색으로 글씨가 찍힌 공들이 가득 담
겨 있었다 그 글씨를 김세희 김세희 읽어버렸다 한 번 그렇게

읽자, 테니스 채에 맞고 있는 김세희 높은 상공으로 떠오르는
김세희 김세희들

테니스장 밖 오토바이 바퀴 앞에 공이 멈췄다

이번엔 화단 깊숙이 굴러갔다 몸을 숙이고 나무 아래로
들어갔더니 누가 똥을 싸뒀고 똥파리가 꼬이고 있었다 공은
살짝 똥 옆으로 굴러가 있었다 마치 내 인생이 똥 구더기는
겨우 피하겠다는 것만 같았다

대학생이 되어 학교에서 테니스를 배웠다 사람과 마주 보
고 쳐도 공만 주우러 다녔다

공에만 관심 있는 사람 같았다

가끔 주말에 하는 복권 추첨을 보았다

투명한 통 속에서 구르는 공을 보는 게 재미있었다 공에
찍힌 숫자도 김세희라고 읽고 싶었다

코코는 테니스공을 물고 와서 놀아달라고 한다

한 번이고 두 번이고 던져줄 때마다 잘도 받아서 입에 물
고 돌아온다

돌아오지 않는 공이 생기는 일은 마음이 불편하고

버스를 잘못 탄 걸 알게 된 것만 같다 돌아오지 않을 마음
으로 탄 건 아닌데

돌아가고 싶지 않다

근시

이모부 얼굴은 본 적 없어
이모는 젊고 잘생긴 이시도로와 살았거든 젊고 잘생긴

이모네 집은 창경궁에 동물원이 있던 시절 하마나 코끼리
의 고함이
터엉 터엉 울리던 혜화동 이층집
집 안 가득 미국 비누 냄새인지 화장수 냄새인지 지금도
가끔 그 냄새를 검색하지만
우리 집에선 나지 않는 냄새였어
방학 동안 잠시 서울 아이처럼
잘생긴 이시도로 손을 잡고 종로와 명동을 돌아다녔어

이모와 이시도로는 나를 예뻐했고
이모의 큰 개를 예뻐했지만 우린 그의 자식이 아니고
둘의 사랑은 어딘지 불안하다고들 했어(뭐가?)

개는 빼고 셋이 혜화동 성당에서 미사를 보았는데
저렇게 잘생긴 이시도로는 이모 옆에서 무슨 기도를 하나

검색되지 않는 냄새만큼 이시도로는 내게 미지의 세계였어
　눈을 반만 감고 이시도로를 탐색했지

　기도한 일들보다 기도하지 않은 일들 이를테면 인류 평화
의 기초가 이모네 집 이 층에서 가스레인지 폭발 사고로 무너
질 뻔했다는 거
　이시도로가 크게 화상을 입었단 소리를 들었어

　이모는 이시도로를 사랑하고 하느님을 사랑해서 두려움
이 없다고 했지만
　훼손당하고 말았어
　이시도로는 어디론가 사라졌다더라 사라지다니
　엄마는 촛불이 꺼진 것처럼 말하고

　그즈음 난 시력이 나빠져 안경을 쓰게 됐고
　이모는 위염이 생겼대
　위가 아프면 위염인 게 당연한데 가까이는 잘 보이고 먼
곳이 안 보이는 게 왜 근시인지

아무리 생각해도 알 수 없었어

아픈 것으로 부르지 않고 멀쩡한 것을 아프게 부르냐 말이야

잘생긴 사람을 좋아하면 어때서

젊은 남자를 좋아하면 어때서

다음 방학에 갔을 땐 이시도로가 쓰던 방이 터엉 터엉 비어 있었지

부잣집 냄새도 사라지고

동물원에서 들리는 덩치 큰 동물과 몸집보다 부리가 큰 새들이 내는 소리가

여전히 들렸어

멀리 있는 줄은 알지만 보이지 않는 것을 보고 싶었어

가끔 이시도로가 궁금해 그때 이모와 이시도로는

맹목 폭격 지대를 지나고 있던 게 아닐까 다 쏟아붓고 태워버리고

태워버리고

1984년

서울시 종로구 명륜동 35-556번지 2층 가스 폭발 사고에
대한 제보를 받습니다

목맨 사람의 집

숙 언니는 엄마를 돌보러 서울로 이사 갔다
이제 손도 네 개 발도 네 개 언니네 엄마는 다족류가 될지
모른다

바쁜 언니는 앞치마에 여러 공구를 꽂아두고
형광등을 갈아 끼우다가 깨트리고 아귀가 맞지 않는 문손
잡이를 단단하게 조이려다
안과 밖을 돌려놓아버렸단다
엄마 손가락 끝에서 피를 뽑아 혈당 체크를 하고
쪽– 맺힌 피를 빤단다

목욕시키고 반찬을 하고
저녁이면 기어 나오는 발이 많은 여름벌레들처럼 뒤집어져
거실에서 라라스윗 저당 아이스크림을 먹는단다

동짓날에 팥죽을 끓여 집 주변으로 뿌리고 악귀를 쫓아냈
다니
올겨울 그 집엔 아무도 죽지 않을 것이다

두유를 마시며 유튜브를 본다
엄마랑 아내가 물에 빠졌어요 누굴 구하겠어요
정신과 의사는 아내를 구해야 한다고 말했다 단호하게
나는 아무도 구할 생각 없겠지만 99.9%

제라늄을 잘 키우는 방법은 자꾸 물 주기를 잊는 거라고
분양해주면서 누구한테 말했더라

우리 엄마는 이웃한 동네에 살아 내가 이사 갈 필요가 없다
일류 투수처럼 나를 까무룩 속일 줄 알고
가위로 신문 기사를 오리고 붙이며 시간을 보내는 엄마한
테 쿠팡으로
리얼 두유 99.9를 보냈다
진짜 보냈다

작년 옆집 아저씨가 목을 매 죽은 후로
경로당 할머니들이 목맨 남자 옆집 할머니라 한다

할머니들은 모여 앉아 작은 칼로 마늘 껍질을 벗긴다
붉은 대야에 싹 틔우면 안 되는 마늘이 한 톨씩 늘어간다

방역이라고 쓰여 있는 트럭이 지나간다
엄마는 내 몸에 뭐가 좋을까
박멸되지 않는 성분을 가졌다

ꕥ 폴 세잔.

얼음 장수

겨울에도 진심이 무사할까
여전히 고구마는 함께
겨울나기에 좋을 수 있을까

화초들은 베란다에서 거실로 들였어요
또 죽일 수는 없어요
생선이라면 부담 없겠지만 어느 계절이라도

고구마를 캐면서 고구마는
사람 곁에 있어야 한다고 밖에 두면 얼어 죽는다고 했는데
아기같이
아기 같아서

내 구멍 난 외투 주머니가
엄마
엄마와 함께 캔 고구마들까지
흘려버렸습니다
이틀도 지겹다고 벗어둔 엄마 수의를 번갈아 입고

쉬운 진심이 얼어 죽고
어려운 것만 남았습니다

고구마 방을 만들어
엄마와 같이 모셔야겠어요
그곳에서는,
장수를 기원합니다

겨울엔 고구마가 상전입니다

습도

김 몇 장을 구워 참기름 장에 찍어 먹는다
이 맛을 알기 위해 간단해져야 한다

팬티만 입은 사람과 마주 앉아
김치만 놓아야 생기는
김의 자리

김은 나만 먹었다

선풍기 한 대로 반반 나눠 가지는
눅눅한 마음

남은 김을 플라스틱 통에 넣었다
누가 위인지 아래인지 모르게
여름이 누워서 지나가고 있었다

이사는 나만 했다

이사 간 집 벽에
붙어 있던 남의 행운을
떼느라 애를 먹었다

싱크대 정리할 때
김통이 나왔다 눌어붙은 모양이 뭐라도
흉내 내기 전에 통째 버렸다

하반기부터 만사형통이라고 했지
그 말을 믿기 위해 방 하나 거실 하나로 간단해져 있다

새집은 창을 다 열면 맞바람이 친다
바람은 혼자 맞는다

이복

자다가 전화를 받은 남편이 옷을 갈아입는다
침대에서 몸을 일으키는 내 등을 받쳐주고

남편이 작업복을 입고 나간다

직원 모두 국민체조로 일을 시작하고
안전 구호도 외친다고 해서 웃었는데

클레인이 〈엘리제를 위하여〉 멜로디를 내며 움직이고
심장이 뛰고

모빌을 만지며 어른들이 말했다
"전처 아이나 잘 키워줬으면 했다"
멜로디가 멈추고

조선소는 배를 수리하는 곳이 아니라고 했는데
해안으로 밀려온 죽은 고래 구경하듯
쓰러진 배를 보고들 있다

진수식까지 다 마친 배였다고 그랬다

남편 없이 해산하게 되면 어쩌나
쓰러진 배를 끌어 올리느라
내 전화를 받지 못할까봐 염려하다 다시 든 잠 속
선실과 산실을 왔다 갔다 한다

배가 단단하게 뭉쳐 온다
좋은 일 앞두고
좋은 생각만 해야 한다

발문

영원히 경유하는 마음

김준현 / 시인, 문학평론가

책으로 탑을 쌓는 일은 내게 읽는 삶을 지속하게 하는 조건이다. 책마다 판형과 규격이 다르고 연대와 장르가 다름에도 무작위로 쌓게 된다. "자꾸 이/ 상한 행갈이를 당"(「낮은 처우, 과도한 업무량」)한 것처럼. 언제고 무너질 걸 알면서도. "'끝과 시작' '어제의 세계' '아무도 지켜보지 않지만 모두가 공연을 한다' '나는 오래된 거리처럼 너를 사랑하고' '이걸 내 마음이라고 하자'"(「정물화」)가 모두 하나의 공동체가 되는 것처럼. 책장에 다 들어가지 못한 책들의 운명이다. 세워져 있는 게 아니라 무더기로 쌓인 "시체 자세"로. "몸과 마음의 균형이란 게요/ 잡아야 하는 거예요?"(「요가라이프」) 묻고 싶어진다. 그건 물리적으로 한정된 공간이나 지면에서 무한의 우주를 품을 수 있는 방법에 대해 오래 골몰한 결과이기도 하다.

그런 사람들이 있다. 종일 영화관에 앉아 스크린의 빛과 소리로 온몸의 감각을 채우는 시네필, 수백 번을 읽어 너덜거리는 동화책 읽기를 무한 반복하는 열두 살 초등학생, 미술관에 상주하는 사람처럼 "그림에서 눈을 떼지 않고" 온종일 "그림 속에"(「눈에 보이지 않는 사람과 보기 위한 워크숍」) 머무는 관람자. 추운 겨울에도 보온병처럼 제가 처음 품었던 열을 내장한 이들의 흰 입김이 마치 영혼처럼 느껴질 때가 있다. 모두 혼자인 사람들이다. 시가 혼자인 것처럼. 혼자 있는 게 자연스러워 보이는 이들은 일종의 여행자다. 일상의 루틴 속에서, 관계 속에서, '우리' 중의 한 사람으로 사는 것을 미덕으로 여기는 구조 속에서 이들은 어떻게든 혼자가 되려고 한다. 시에서 주로 발견되고 때로 독자에 의해 구조되기도 하는 이들이다. 때로 연민을 불러일으키고 독자로 하여금 시라는 장르를 사랑하게 만드는 이들이다. 끝내 혼자가 되어 있는 사람을 만나기 위해 시를 읽는 사람 역시 혼자가 되는 감각에 익숙해진다. 덕분에 "훈자를 꿈꿔요"(「빙산의 일각」)란 구절을 '혼자를 꿈꿔요'라고 오독하고 말았을 정도로.

그런데 김세희 시인의 첫 시집을 읽다가 나는 뭔가 이상하다는 생각을 했다. 잠깐만. 혼자인데 왜 함께 있지? 함께 있는데 왜 계속 혼자인 거지? 분명 혼자인 사람들인데 그들이 한데 모여 있는 기묘하고 역설적인 풍경. 백석의 「모닥불」 속 긴 열거처럼 '혼자'인 이들의 공동체가 형성되어 있는 이 세계는 어떻게 가능한 거지. 이들은 어떻게 함께하게 된 거지. 얼기설기 쌓여 있는 책 탑의 위태로운 구조 속에서 이들은 쾌활하고 우울하고 즐거우며 슬프다. 그러나 이들은 정서적 다층성을 토대로 연결되어 있다기보다는 "같은 증상일지도 모"(「김용대 한의원」)른다는 점에서 의구심을 매개로 병렬적으로 놓여 있다는 인상을 준다. 시에서 주체가 '혼자'임에 강세를 찍을 경우 특히 비대해지는 자의식이 자연스레 자기 연민의 정서로 수렴되곤 한다. 그러나 김세희 시인의 시는 연민이 아니라 세계의 냉소가 선행한다. 온전한 혼자가 되기 위해 겪어야 하는 통과의례가 무엇인지 알고 있다. 덕분에 자기 연민에 빠지지 않은 상태로 냉철하게 현실의 상을 구체화하는 데 진심이다. 김세희 시인의 시는 파편화된 삶의 양태를 그대로 반영하는 과정에서 함께 파편화된 여러 주체들이 단

한 사람의 '혼자'가 되기 위해 언어 운동을 하는 과정이다. 보편의 정서로 함축해 말할 수 없는, '뜻밖의 미래'에 도달하기 위해. 덕분에 『뜻밖의 미래 연구회』를 받아든 순간 떠올린 첫 질문은

"가입 문의는 어디로 하면 될까요?"

눈이 보이지 않는 김승민 씨는 내 팔뚝을 살짝 잡고 서 있다
그림에서 눈을 떼지 않고 보이는 대로 말하는 내 말을 들었다

마을에 결혼식이 있는 날과
눈이 쌓인 숲속에서 사냥하고 돌아오는 사냥꾼들이 있는 그림을
지나 '맹인이 맹인을 인도하다' 앞에 서자
김승민 씨는 내가 머뭇거린다는 걸 알아차렸다

그림에 맹인이라도 나오냐며 팔뚝을 흔들었다

옷을 다 벗고 체모를 보인 채 누운 마야의 그림을 보면서

털이 많은지 적은지도 물어보았던 사람이다

눈이 보이지 않는 사람들인가봅니다 여섯.

맨 앞에 가던 사람이 웅덩이로 보이는 곳에 고꾸라졌네요

메고 있던 기타가 옆에 나뒹굽니다

왠지 더 조용하게 말했다

그림 속에 날씨가 좋지 않을 것 같습니다

길은 어떤가요

둑길이라고 해야 할 것 같고요 멀리 큰 교회가 보입니다

아마도 교회 앞쪽으로 편안한 길이 있지만

둑으로 돌아가는 걸 거라고 그 시대에는 우리 같은 사람을 많이 싫어

했다고 했다

그림대로 교회는 멀리 있고 둑과 웅덩이는 가까운 거라고 했다

난 회사는 가깝고 엄마 집은 멀었으면 좋겠다고

김승민 씨는 지하철역도 가깝고 편의점도 가깝고 해서 함께 웃다가

엄마 집은 왜 멀어야 하냐고 했다

조금 머뭇거리다 둑길로 돌아서 다니고 있다고 말했다

　　―「눈이 보이지 않는 사람과 보기 위한 워크숍」 부분

　전도顚倒되는 기분이 들 때가 있다. 그건 대상에 압도壓倒
당하는 기분과 유사하다. 마치 매력적이고 낯선 풍광의 여행
지에서 이전까지의 '나'를 잠시 잃어버리는 경우와 같다. 그
점에서 나는 "김승민 씨"와 다르지 않은 기분이었다. 이 시를
읽으면서 끝내 "피터르 브뤼헐의 그림"을 검색해보지 않았으
므로 나 역시 "눈이 보이지 않는 김승민 씨"와 동일한 상황에
서 오로지 "보이는 대로 말하는 내 말"에만 의지했다. 말을 통
해 대상을 옮길 때 관념의 경우는 애초부터 그 시원이 언어와

불가분의 관계라는 점에서 형상화의 과정 자체가 생략되기도 하지만 시각적 이미지의 구현이 절대적인 "그림"의 경우라면 그 실물을 온전한 형태로 옮겨오는 것은 사실상 불가능하다. 제발트의 말을 빌리면 "시선은 자신이 실제로 그것을 보았는지 거듭 확인하려 한다. 그래서 순수한 응시만이 남는다. 그것은 실제 시간이 지양되고 이따금 꿈에서처럼 죽은 자들과 산 자들, 아직 태어나지도 않은 자들이 한 차원에 함께 자리하는 강박상태다."↰ "피터르 브뤼헐"의 그림 "'맹인이 맹인을 인도하다'"라는 제목이 의미심장한 것은 '나' 역시 '언어'의 세계에서는 그림을 구현하는 게 불가능하다는 점에서 일종의 "맹인"이기 때문이다. "맹목 폭격 지대를 지나"(「근시」)는 것처럼. "피터흐 브뤼헐"이 그려낸 "뜻밖"의 세계에서 조우한 이들은 "그림"을 묘사하는 게 아니라 "그림 속"으로 들어간다. "날씨가 좋지 않을 것 같"다거나 "둑으로 돌아가는 걸 거라고" 말하며 세계의 숨은 이면을 "맹인"으로서 함께 더

↰ W.G 제발트, 「영화관에 간 카프카」, 『캄포 산토』(이경진 옮김, 문학동네, 2018)

들어 나간다. "안경 안에서 두 개의 초점이 만들어지는"(「눈사람 안경원」) 것처럼 그 과정에서 이들은 자연스럽게 그림 밖 현실의 이면까지 동행한다. "엄마 집"이나 "지하철역"처럼 이들의 삶을 구성하는 세계의 원근遠近을 감각한다. "위가 아프면 위염인 게 당연한데 가까이는 잘 보이고 먼 곳이 안 보이는 게 왜 근시인지"(「근시」) 언어와 세계의 결합 방식에 대해 의문한다. "이상한 사냥"을 가르친 "센세이"로 인해 왜곡된 "매사냥"(「호렵도」)의 의미처럼. "매"가 "사냥" 행위의 주어인지 목적어인지 혼란스러워졌던 세계의 상을 '언어'를 통해 다시금 정립하고자 한다.

머리카락이 많이 자랐구나!

못 보던 셔츠를 입었네

『스토너』를 읽었거든 스토너는 훌륭한 농사꾼이 되기 위해 공부하려 했다가 문학에 빠졌다더라 박사가 되어서 이런저런 멋진 제의를 받았지만 그만큼 내놓아야 하는 게 있다는 걸 알았다더라 스토너는 대단

하지 않은 자신을 선택해

　　그리고 자신에게 묻는다 무엇을 기대했냐고

　　그래 차도 한 모듬 마시면서 먹어,

　　'너는 무엇을 기대했나?' 나한테도 묻더라

　　접시 비우는 건 자신 있는데?

　　우리 접시는 텅 비어 있고 토마토에서 흘러나온 씨앗들만 올올이 놓여 있었다 저 씨앗들이 끝인지 시작인지는 모른다

　　어려운 일이었다.

　　—「아침밥 먹는 모임」 부분

　　점심도 저녁도 아닌 "아침밥 먹는 모임"이라니. "먹는 입만 있어"라고 말해도 거기서 자조가 느껴지지 않는 것은 "스토너"가 생을 톺아보며 품었던 의문에서 화자가 위안을 얻었기 때문일까. 생존을 위해 당연한 섭식 행위의 잔해로서 "끝

인지 시작인지" 모를 "씨앗들"이 남은 것처럼. 생존을 도모하는 현장 안에서도 우리는 어떤 가능성을 점친다. "나의 행복한 삶은 어디에 있나 찾아"(「낮은 처우, 과도한 업무량」)본다. 먹는 걸 챙기는 사람과 가만히 있으면서 먹는 사람으로 구성된 이 "모임"은 한 사람의 내면에서 부대끼는 욕망과 지향의 대화를 보여준다. 한쪽은 시작이고 한쪽은 끝이다. 뭔가가 되기 위해, 뭔가를 하기 위해 몸부림칠수록 세계-구조가 의도한 바에 말려 들어갈 때는 차라리 "그냥 있"는 게 더 나은 선택지가 아닌가. "시체 자세"로 "죽을 때라도 행복하게". "죽을 것 같은 마음이란 거 저쪽에는 없다는 얼굴들/ 모두 건너"갈 동안 "이쪽 마음이 더는 빨개지지도 파래지지도 않는 저쪽/ 마음을 보고 있"는 게. 자연스럽게 "기울어지는 쪽에 전부를 걸"(「요가라이프」)게 되는 게. 먹고 살자고 하는 일이라는 말에 함의된 부정적인 뉘앙스는 현재의 지속 혹은 연명을 상기시킨다. 그러니 먹는 일도 사는 일도 "기대"와 무관해질 때 오히려 "뜻밖의 미래"에 도달할 수 있지 않을까. "대단하지 않은 자신을 선택"한 "스토너"와 같이 평범한 삶을 자연체로 바라보면서 두 사람은 각자의 역할을 인정한다. 한 "접시"에 있는 "끝"과 "시작"처럼.

식탁 다리에 테니스공은 누가 먼저 신기기 시작했을까

엄마가 다니던 테니스장에 따라가본 적이 있다 울타리 주변으로 테니스공이 천지로 굴러다니고 있었다

바퀴 달린 들통에 청색으로 글씨가 찍힌 공들이 가득 담여 있었다 그 글씨를 김세희 김세희 읽어버렸다 한 번 그렇게 읽자, 테니스 채에 맞고 있는 김세희 높은 상공으로 떠오르는 김세희 김세희들

테니스장 밖으로 오토바이 바퀴 앞에 공이 멈췄다

이번엔 화단 깊숙이 굴러갔다 몸을 숙이고 나무 아래로 들어갔더니 누가 똥을 싸뒀고 똥파리가 꼬이고 있었다 공은 살짝 똥 옆으로 굴러가 있었다 마치 내 인생이 똥 구더기는 겨우 피하겠다는 것만 같았다

대학생이 되어 학교에서 테니스를 배웠다 사람과 마주 보고 쳐도 공만 주우러 다녔다

공에만 관심 있는 사람 같았다

가끔 주말에 하는 복권 추첨을 보았다

투명한 통 속에서 구르는 공을 보는 게 재미있었다 공에 찍힌 숫자도 김세희라고 읽고 싶었다

　　―「공은 어디로 갔을까 - 그랜드슬램」 부분

시집에는 총 세 편의 「공은 어디로 갔을까」가 실려 있다. 모든 구기 종목이 다 그렇겠지만 "공"은 늘 내가 예상하지 못한 방향과 경로로 운동한다. 예상할 수 없고 예감할 수 없는 "미래"처럼. 언제고 주체의 의지를 벗어나버리는 이 대상에게 시인은 시인의 이름 "김세희"를 붙여준다. 그건 "뜻밖의

미래"를 향해 나아가도 된다는 허락 같기도 하고, 운명을 담보하는 주술 같기도 하다. 여기서 공^球은 공^空으로서 아무런 저항 없이 주체의 이름을 받아들이고 주체의 운명을 짊어진다. 명명으로부터 수난의 체험이 시작된다. "테니스 채에 맞고 있는 김세희" "똥 구더기는 겨우 피"한 "김세희"는, 실패가 예정된 이 여정에 홀연히 동참한 시인은 이제 무한의 우주로 나아갈 준비를 마친 상태다. "돌아오지 않는 공이 생기는 일은 마음이 불편"하다는 입장은 공을 소유의 대상으로 여기는 마음이라는 점에서 완전한 합일에 이른 것이 아니었지만 "버스를 잘못 탄 걸 알게 된 것만 같다 돌아오지 않을 마음으로 탄 건" 아니라는 마음은 공의 우연적 경로에 동참한 일이며, 막상 익숙한 세계로 떠나버린 이후에는 "돌아가고 싶지 않다"며 회귀를 거부한다. "식탁 다리에 테니스공"의 운명을 생각하면 수긍이 간다. 이전의 기능을 잃고, 이동의 자유를 잃고 열십자(十)로 찢어진 채 "식탁 다리"를 봉쇄하는 역할은 실상 자신의 봉쇄이기도 하다는 것을, 이미 목도해버린 것이다. 덕분에 "테니스 채"에 맞으면서도 여기저기로 날아다니는 "김세희"는 일상의 강력한 중력에 저항한다. "힘껏 칠수록 종잡을 수 없게" 나아간다는 것을 알기에, 고통을 감수하면서, 자신조차도 자신의 행방을 알 수 없도록 시공간 개념을 무화시키는 여행자가 된다.

두유를 마시며 유튜브를 본다
엄마랑 아내가 물에 빠졌어요 누굴 구하겠어요
정신과 의사는 아내를 구해야 한다고 말했다 단호하게
나는 아무도 구할 생각 없겠지만 99.9%

제라늄을 잘 키우는 방법은 자꾸 물 주기를 잊는 거라고
제라늄을 분양해 주면서 누구한테 말했더라

우리 엄마는 이웃한 동네에 살아 내가 이사 갈 필요가 없다
일류 투수처럼 나를 까무룩 속일 줄 알고

가위로 신문 기사를 오리고 붙이며 시간을 보내는 엄마한테 쿠팡으로
리얼 두유 99.9를 보냈다
진짜 보냈다

―「목맨 사람의 집」부분

그러나 여기 "우리 엄마"와 "집"을 마주하고도 시인은 여
행자가 될 수 있을까. 폴 세잔의 그림 「목맨 사람의 집」은 빈
센트 반 고흐가 죽기 전까지 살았던 오베르 쉬르 우아즈의
한 풍경을 그린 그림이다. 이럴 때 보면 그림의 정서적 구심
점이란, 가장 선연하게 화가의 의도를 드러낼 수 있는 창구인
제목으로부터 비롯된다는 생각이 든다. "엄마를 돌보러 서울
로 이사" 간 "숙 언니"의 현실과 같은 맥락에서 "우리 엄마"는
이 여행자의 발목을 잡는 것처럼 느껴진다. 죽음이 볼모로 잡
고 있는 삶. "엄마랑 아내가 물에 빠졌어요 누굴 구하겠어요"
묻는 "정신과 의사"가 "아내를 구해야 한다고 말"했을 때 "나

는 아무도 구할 생각 없겠지만 99.9%"라고 말하는 것 역시 동일한 맥락에서 극단적이고 도식화된 가정법을 통해 미결정적 상태에 있는 주체의 삶을 재단하고 "미래"를 말살하려 드는 세계의 구조를 답습하는 것처럼 보인다. 관계성을 빌미로한 양자택일의 세계는 주체가 어느 쪽을 선택하든 타자의 구원이 아니라 '나'의 소멸을 암시한다. 상호 구속의 상태로 만드는 관계성으로부터 이탈하고자 하는 화자에게 "목맨 사람"의 풍문 역시 '발목 잡기'를 한다. "옆집 아저씨가 목을 매죽은 후로/ 경로당 할머니들이 목맨 남자 옆집 할머니라" 말하는 것은 자신들이 죽음 근처에 있음을 강조하기 위한 것일까. "싹 틔우면 안 되는 마늘이 한 톨씩 늘어"갈 때는 화자의의지를 꺾으려 드는 세계가 공포의 얼굴로 다가온다.

그러나 여기서 상투적이나마 '그럼에도 불구하고'의 문형을 가져올 수 있다면 그건 "99.9"를 통해 가능하지 않을까. "뜻밖의 미래 연구회" 회원은 아마도 "99.9"를 완전하다고 믿는 "리얼 두유"의 세계로부터 누락된 0.1의 존재들이 아닐까. 0.1

은 눈에 띄지 않을 만큼 미미하지만, 세계가 진짜인지 아닌지 의문이 들 수 있게 하는 의심의 "씨앗"이다. "끝"과 "시작"을 모두 함의한 가능성이다.

김세희 시인의 시를 읽으면서 목적지 없이 계속 경유지에 머무르는 여행자가 될 수 있어 행복했다. 미처 다 담지 못한 풍경에 매료되어 여러 번 읽었다. 어딘가에 도착했다는 안온함이 아니라 떠나기 직전의 가벼운 설렘이 계속되었다. 도착을 유예하기. 누군가 무심코 후– 불어버린 민들레 씨처럼 도착할 곳을 가늠할 수 없는 상태로 바람을 따라 떠돌았다. 잠시 졸참나무 가지에 앉았다가, 시소 위에 붙었다가, 보도블록 틈새에 끼였다가, 다시금 부는 바람을 따라 떠돌면서 영영 뿌리내리고 싶지 않다는 감각으로 살아가기. "뜻밖의 미래"란 시가 지닌 언어의 우연적 작용을 통해 가능하다는 사실을, 시인은 알고 있다. 떠나기 위해 시를 쓰는 사람. "쓰러진 배"와 "단단하게 뭉쳐" 오는 "배"의 교집합에서 "다시 든 잠 속/ 선실과 산실을 왔다 갔다"(「이복」) 하는 사람. 어디에도 속할 수 없게 만드는 세상과 어디에도 속하지 않으려는 시인의 마음이 충돌/합일하는 순간마다 시인의 시는 삶에 선행하지 않을까. 시는 무한한 우주로 향하는 동력으로 시인 자신보다 먼저 미래에 도착하지 않을까. 예감 이전에 바람의 마음을 더 강하게 담아, 김세희 시인의 시가 오래 계속되기를 기원한다.

아침달 시집 54

뜻밖의 미래 연구회

1판 1쇄 펴냄 2025년 12월 15일

지은이 김세희
큐레이터 정한아, 박소란
편집 서윤후, 정채영, 이기리
디자인 김정현, 정유경, 한유미

펴낸곳 아침달
펴낸이 손문경
출판등록 제2013-000289호
주소 04029 서울시 마포구 양화로7길 83, 5층
전화 02-3446-5238
전자우편 achimdalbooks@gmail.com

© 김세희, 2025
ISBN 979-11-94324-86-7 03810

값 12,000원